つくってみよう！ WASHOKU BENTO 和食弁当

監修：服部栄養料理研究会　料理指導：杉浦仁志　編：こどもくらぶ

肉のお弁当

六耀社（りくようしゃ）

はじめに

遠足のお弁当、運動会のお弁当、ピクニック弁当、お花見弁当、列車のなかでの駅弁など、
わたしたち日本人はいろんな場面で、お弁当がかかせませんね。
お弁当のふたをあけるときのわくわく感を経験したことのある人は、多いのではないでしょうか。
でも、そんな身近なお弁当が、日本独特の食文化だと知っていますか？

◆

そもそも「弁当」とは、持ち運びができるようにした食事のことです。
家でつくる「手づくり弁当」と、商品として売られる「市販弁当(買い弁)」の2種類があります。
「市販弁当」は、近年海外でも「BENTO」として、日本の弁当箱とともに普及してきました。
とくに2013年、「和食」がユネスコの無形文化遺産に登録されてからは、
「WASHOKU」とともに「BENTO」も海外で通じる言葉になりました。

◆

海外にも、「テイクアウト(持ち帰り)」用として容器につめた食事はありますが、
それらと日本のお弁当とのちがいは、食べる人のことを思いやる心がつまっていることだといわれています。
これはお弁当が、日本が海外にほこる独特の食文化だという、大きな理由です。

◆

たとえば、日本のお弁当は、とってもカラフル！　ミニトマト(赤)、ブロッコリー(緑)、たまご(黄色)、
ロースハム(ピンク)、ハンバーグ(茶色)などが、いろどりよくおさめられています。
これは、お弁当のふたをあけた人によろこんでほしいと、つくる人が考えているからです。
でも、いろどりゆたかにする理由は、見た目のよさや、おいしさだけではありません。
いろどりよくすることで、栄養素のバランスがよくなるのです。

もくじ

- **きのこハンバーグ弁当** …… 4
  - ハンバーグの味つけいろいろ …… 6
  - 家族の分もつくってみよう！ …… 7
- **ウィンナー入りミンチカツ弁当** … 8
  - ごはんにかけるものを工夫しよう！ … 10
  - カップやバランをつかいこなそう！ … 11
- **とり肉のかわり揚げ弁当** …… 12
  - 食べやすいおかずを工夫しよう！ …… 14
  - 外で食べる「ピクニック弁当」のコツ …… 15
- **肉じゃがカレー風味弁当** …… 16
  - かざり切りにちょうせん！ …… 18
- お弁当をいたませない工夫(調理するとき編) …… 19
- **牛カルビいため弁当** …… 20
  - これでいろどり名人！ 赤いおかず …… 22
  - テーマ別にもりつけ方をかえてみよう！ … 23
- **とりの照り焼き弁当** …… 24
- **とんてき弁当** …… 26
- ●海外にもお弁当があるの？ …… 28
- ●よくつかう調理道具 …… 30
- さくいん …… 31

このシリーズは、3人の一流料理人が、
「WASHOKU・BENTO」のすばらしさをしょうかいします。
しかも、いろどりの「見本」や、栄養素のバランスの取り方などのポイントをしめすことで、
読者のみなさんが自分でつくりやすいようにしていますよ。
それでいて、本格的な「WASHOKU・BENTO」なのです。

杉浦仁志先生の
肉のお弁当

西澤辰男先生の
魚のお弁当

一枚田清行先生の
野菜のお弁当

小学生のみなさんは、学校では給食という人が多いですが、
家族で出かけるときなど、さまざまな機会に、「WASHOKU・BENTO」にちょうせんしてみてください。
お弁当箱へのもりつけは、食べる人の顔を思いうかべながら、たのしんでやりましょう。
そうした願いから、このシリーズでは、子ども向け、大人向けなどと、
もりつけの例も提案していますよ。ほかにも、つぎのような特徴があります。

◆

- お弁当の写真を大きくしょうかい
- 主菜（メインのおかず）のつくり方を基本にしょうかい
- メインのおかずにあわせて副菜をいくつもしょうかい
- 副菜をえらぶときのポイントをしょうかい

さあ、WASHOKU・BENTOにちょうせん！

この本の見方

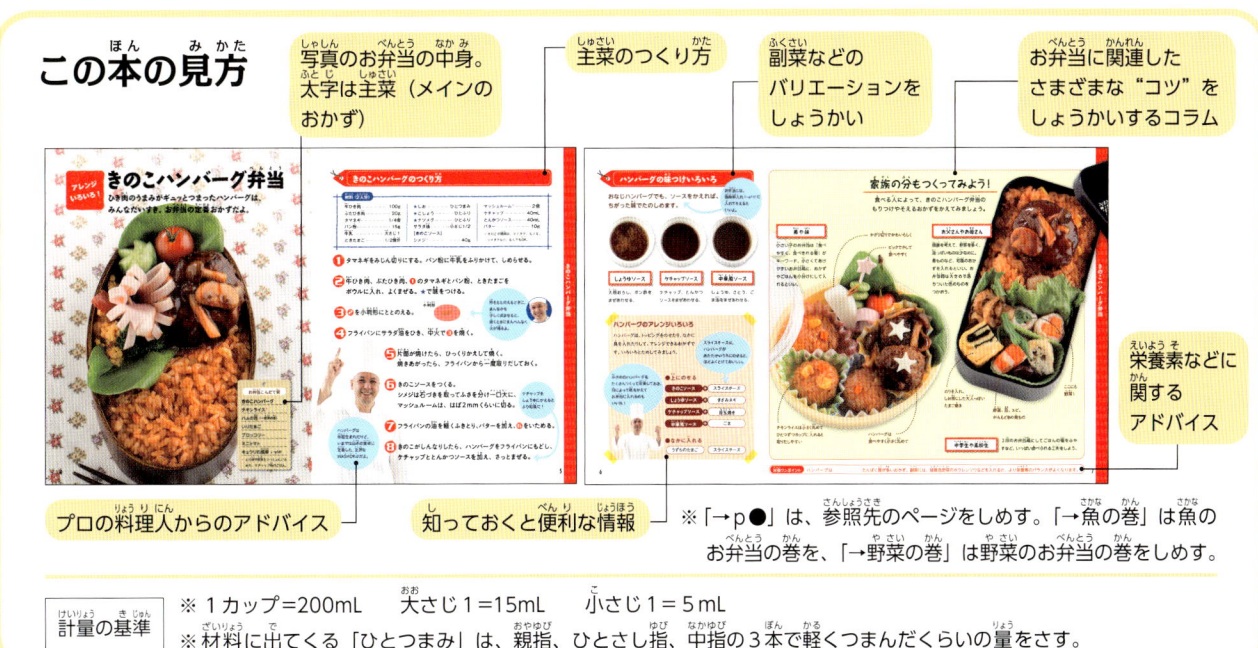

- 写真のお弁当の中身。太字は主菜（メインのおかず）
- 主菜のつくり方
- 副菜などのバリエーションをしょうかい
- お弁当に関連したさまざまな"コツ"をしょうかいするコラム
- プロの料理人からのアドバイス
- 知っておくと便利な情報
- 栄養素などに関するアドバイス

※「→p●」は、参照先のページをしめす。「→魚の巻」は魚のお弁当の巻を、「→野菜の巻」は野菜のお弁当の巻をしめす。

計量の基準
※ 1カップ＝200mL　大さじ1＝15mL　小さじ1＝5mL
※ 材料に出てくる「ひとつまみ」は、親指、ひとさし指、中指の3本で軽くつまんだくらいの量をさす。

アレンジいろいろ！

きのこハンバーグ弁当

ひき肉のうまみがギュッとつまったハンバーグは、みんなだいすき。お弁当の定番おかずだよ。

お弁当こんだて例

- きのこハンバーグ
- チキンライス*
- ハムの花（→野菜の巻）
- いりたまご
- ブロッコリー
- ミニトマト
- キュウリの風車（→p18）

＊とり肉や野菜といっしょにいためた、ケチャップ味のごはん。

きのこハンバーグのつくり方

材料（2人分）

牛ひき肉 …………… 100g	★しお ………… ひとつまみ	マッシュルーム* ……… 2個
ぶたひき肉 …………… 20g	★こしょう ………… ひとふり	ケチャップ …………… 40mL
タマネギ …………… 1/4個	★ナツメグ ………… ひとふり	とんかつソース ……… 40mL
パン粉 ……………… 15g	サラダ油 ………… 小さじ1/2	バター ………………… 10g
牛乳 ……………… 大さじ1	【きのこソース】	*きのこの種類は、マイタケ、エノキ、シイタケなど、なんでもOK。
ときたまご ……… 1/2個分	シメジ* …………………… 40g	

1 タマネギをみじん切りにする。パン粉に牛乳をふりかけて、しめらせる。

2 牛ひき肉、ぶたひき肉、❶のタマネギとパン粉、ときたまごをボウルに入れ、よくまぜる。★で味をつける。

3 ❷を小判形にととのえる。

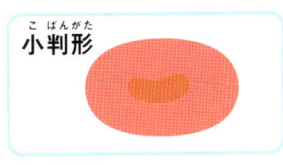

小判形

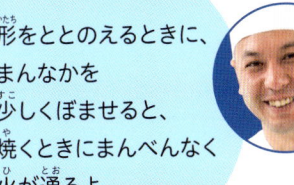

形をととのえるときに、まんなかを少しくぼませると、焼くときにまんべんなく火が通るよ。

4 フライパンにサラダ油をひき、中火で❸を焼く。

5 片面が焼けたら、ひっくりかえして焼く。焼きあがったら、フライパンから一度取りだしておく。

6 きのこソースをつくる。
シメジは石づきを取ってふさを分け一口大に、マッシュルームは、はば2mmくらいに切る。

ケチャップをしょうゆにかえるとより和風に！

7 フライパンの油を軽くふきとり、バターを加え、❻をいためる。

ハンバーグは外国生まれだけど、いまでは日本の食卓に定着した、立派なWASHOKUだよ。

8 きのこがしんなりしたら、ハンバーグをフライパンにもどし、ケチャップととんかつソースを加え、さっとまぜる。

ハンバーグの味つけいろいろ

おなじハンバーグでも、ソースをかえれば、ちがった味でたのしめます。

お弁当には、調味料入れ（→p11）に入れてそえるといいよ。

しょうゆソース
大根おろし、ポン酢をまぜあわせる。

ケチャップソース
ケチャップ、とんかつソースをまぜあわせる。

中華風ソース
しょうゆ、さとう、ごま油をまぜあわせる。

ハンバーグのアレンジいろいろ

ハンバーグは、トッピングをのせたり、なかに具を入れたりして、アレンジできるおかずです。いろいろとためしてみましょう。

スライスチーズは、ハンバーグがあたたかいうちにのせると、ほどよくとけておいしい。

小さめのハンバーグをたくさんつくって冷凍しておき、日によって味をかえてお弁当に入れるのもいいね！

● 上にのせる

きのこソース	＋	スライスチーズ
しょうゆソース	＋	きざみネギ
ケチャップソース	＋	目玉焼き
中華風ソース	＋	ごま

● なかに入れる

うずらのたまご　　スライスチーズ

弟や妹

小さい子のお弁当は「食べやすく、食べきれる量」がキーワード。小さくてあけやすいお弁当箱に、おかずやごはんを小分けにして入れるといい。

チキンライスは小さく丸めてひとつずつカップに入れると取りだしやすい

栄養ワンポイント　ハンバーグは

家族の分もつくってみよう！

食べる人によって、きのこハンバーグ弁当のもりつけやそえるおかずをかえてみましょう。

- かざり切りでかわいらしく
- ピックでさして食べやすく
- ハンバーグは食べやすく小さく丸めて

お父さんやお母さん
健康を考えて、野菜を多く、油っぽいものは少なめに。煮ものなど、和風のおかずを入れるといい。お弁当箱は大きめで落ちついた色のものをつかおう。

- のりを入れ、しお味にした大人っぽいたまご焼き
- 野菜、豆、エビ、がんもどきの煮もの
- ここにも野菜！

中学生や高校生
2段のお弁当箱にしてごはんの量をふやすなど、いっぱい食べられる工夫をしよう。

きのこハンバーグ弁当

たんぱく質が多いおかず。副菜には、緑黄色野菜のホウレンソウなどを入れると、より栄養素のバランスがよくなります。

サクッと
ジューシー

ウィンナー入り
ミンチカツ弁当

ウィンナーの食感が
たのしいミンチカツは、
お肉たっぷりで
ボリュームも満点！

お弁当こんだて例

ウィンナー入り
ミンチカツ

2色ごはん
（しらす、サケフレーク）

大学イモ（→魚の巻）

ウィンナー（→p15）

ニンジンのレーズンあえ
（→魚の巻）

ブロッコリー

パイナップル

イチゴ（→p22）

栄養ワンポイント 揚げものメインのお弁当の日は、夜ごはんに油っぽいものはさけ、野菜をたくさん食べましょう。

ウィンナー入りミンチカツのつくり方

材料（2人分）

ウィンナー ………… 50g（2〜3本）	小麦粉 …………………… 適量*
タマネギ ………………… 25g	ときたまご ……………… 1/2個分
ぶたひき肉 ……………… 150g	パン粉② ………………… 適量*
パン粉① ……………… 大さじ1	サラダ油
しお ……………… ひとつまみ	とんかつソース ……… おこのみ
こしょう ………………… ひとふり	

＊ミンチカツの両面にまぶせる程度。

1 ウィンナーをあらいみじん切りに、タマネギをみじん切りにする。

> ウィンナーは、少し大きめのみじん切りにすることで、食感がのこっておいしくなるよ。

2 ぶたひき肉に❶とパン粉①をあわせて、よくまぜる。

3 しお、こしょうで味をととのえ、食べやすい大きさに丸める。

> 四角にととのえると見た目がより和風になる。

4 ❸を、小麦粉→ときたまご→パン粉②の順につける。小麦粉はつけたら少し手ではらい、パン粉はつけたら軽く手でおさえるとよい。

5 ❹を170℃に熱したサラダ油で揚げる。オーブントースターで焼いてもよい。おこのみでとんかつソースをかける。

※揚げものは、なれるまでは、大人の人といっしょにやろう。

揚げものの油の温度

揚げものをおいしくつくるポイントは、油の温度。菜ばしを軽く水でぬらし、ふきんでふいてから油に入れ、その反応を見ると、油のだいたいの温度がわかります。

低温（150〜160℃）
はしの先からこまかいあわがしずかに出る。

中温（170〜180℃）
はし全体からこまかいあわが出る。

高温（180〜190℃）
はし全体からいきおいよくあわが出る。

ほかにも、つぎのことに気をつけましょう。

◆火加減は中火にする。
◆具の水分を切る（水気があると油がはねる）。
◆少量ずつ揚げる（油の温度を下げないため）。

ごはんにかけるものを工夫しよう！

p8のお弁当のごはんにはしらすとサケフレークをのせましたが、白いごはんは、ふりかけや、そぼろ、カレーなど、どんな味にもあいます。かけるものによって、お弁当のいろどりもかわってきますよ。

「しらす」は、おもにイワシのなかまの子どものこと。ゆでたものを「しらす」、ほしたしらすを「ちりめんじゃこ」とよぶよ。

肉そぼろ

ひき肉としょうゆ、さとう、みりん、酒をなべに入れて火にかけ、はしを6本くらいもってよくまぜる。

調味料を入れてから火をつけると、こまかいそぼろに仕上がるよ！

サケフレーク

びんづめなどで売られているが、焼きザケをほぐしてもいい。オレンジ色がアクセントになる。

しらす

しらすはしお味がついているので、ごはんにあう。あつい時期は、いたみやすいので注意。

ふりかけ

ふりかけは、黒と黄色（のりとたまご）、オレンジ色（サケ）など、色あいもさまざま。黒ごまや白ごま、しょうゆであえたカツオ節をふりかけてもおいしい。

牛肉とひよこ豆のドライカレー

カレーに入っているスパイスは、食欲を高める効果や、食べものをいたみにくくする効果があるので、お弁当にぴったり。つくり方は右参照。

ミニレシピ

牛肉とひよこ豆のドライカレー

材料（2人分）

- 牛ひき肉……100g
- ジャガイモ（一口大に切る）……50g
- ひよこ豆……20g
- うどん用のだし……200mL
  （ない場合は、カツオだし160mL、みりん20mL、うすくちしょうゆ20mL、さとうひとつまみをあわせる）
- カレー粉……ひとつまみ
- サラダ油……10mL

つくり方

1. フライパンにサラダ油をひき、牛ひき肉をいためる。
2. ジャガイモを入れ、肉のあぶらをすわせながらいためる。
3. うどん用のだしと、ひよこ豆を入れて、ふっとうさせ、アクをとる。
4. ジャガイモがやわらかくなるまで、弱火で10〜15分煮る。
5. 仕上げにカレー粉を入れる。

カップやバランをつかいこなそう！

お弁当用のカップやバランは、となりのおかずに
味や水分がうつるのをふせいでくれます。
お弁当でつかえる小物は、ほかにもいろいろあります。

つめるときにつかうもの

カップ
素材は紙やアルミ、シリコンなど。シリコン製のものは、あらって何度もつかえる。色やもようもさまざまあるので、おかずや気分にあわせてつかいこなそう。

バラン
味や水分がうつらないように、仕切りとしておかずやごはんのさかい目に入れる。バランのかわりにレタスや葉もの野菜をつかうこともできる。

かざりつけにつかうもの

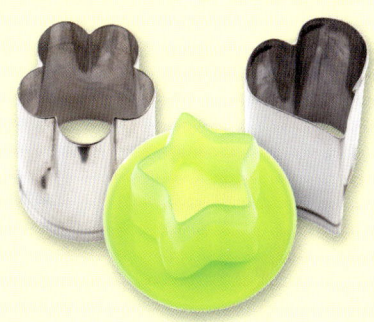

型ぬき
野菜やハム、スライスチーズなどをすきな形の型ぬきでぬいて、かざりつけると、見た目がかわいく、はなやかになる。

調味料入れ
しょうゆやソース、ケチャップなどをおかずにかけてお弁当に入れると、おいしくなくなったり、汁がもれたりすることも。調味料入れに入れてもっていくと、食べる直前にかけられる。

ピック
おかずをさしておくと、そのまつまんで食べられる。旗の形や動物の形など、いろいろな種類があるので、かざりにもなる。

のりパンチ
のりをいろいろな形に切りぬくことができる道具。ごはんのかざりつけなどに便利。

ウィンナー入りミンチカツ弁当

とり肉のかわり揚げ弁当

みんなで食べよう！

とり肉に春巻きの皮をつけて揚げたかわり揚げは、一口で食べられて楽しさ倍増。運動会など、外で食べるお弁当にぴったりのおかずだね。

とり肉のかわり揚げのつくり方

材料（2人分）※

- 春巻きの皮 …………… 2枚
- とりもも肉 …………… 90g
- ★しお …………… ひとつまみ
- ★こしょう …………… ひとふり
- ★しょうゆ …………… 小さじ1/2
- ★おろしにんにく … 小さじ1/4
- ときたまご …………… 1/2個分
- 片栗粉 …………… 10g
- サラダ油

※ 右の写真は3〜4人分。

1. 春巻きの皮をはば3mmくらいに細く切る。

2. とりもも肉を一口大に切る。

3. ボウルに★と、とりもも肉を入れ、手でもみこんで下味をつける。

4. ③にときたまごを加えてよくまぜたあと、片栗粉を加えてさらにまぜる。

5. ④のとりもも肉に春巻きの皮をつける。

6. 170℃に熱したサラダ油で揚げる。

ラップに春巻きの皮と④のとりもも肉を1つおき、手でつつみこんでぎゅっとにぎると、うまくいくよ。

油の温度が高いと、春巻きの皮がこげて、肉のなかまで火が通らないよ。温度（→p9）を守ってね！

とり肉のかわり揚げ弁当

お弁当こんだて例

とり肉のかわり揚げ

おにぎり

ニンジンはんぺん（→魚の巻）

ハムの花（→野菜の巻）

ウィンナー（→p15）

かまぼこかたつむり（→p19）

パプリカソテー（→p22）

ちくわとキュウリの明太子あえ（→魚の巻）

ゆでたまごひよこ（→野菜の巻）

ミニトマト

ブロッコリー

スナップエンドウ

フルーツジュレ（→野菜の巻）

オレンジ

栄養ワンポイント とり肉はやわらかくて消化がよいです。とり肉の脂肪には、生活習慣病を予防する効果があります。

食べやすいおかずを工夫しよう！

外で食べるお弁当に入れるおかずには、
手でつまんだり、ようじやフォークでさしたりして
かんたんに食べられるものをえらびましょう。

ちくわキュウリ

ちくわのあなの大きさにあわせてキュウリを棒状に切り、さしこむ。食べやすい大きさに切る。

ハムチーズ

ハムを半分におって、キャンディチーズをのせ、くるっと1回巻いてピックでさす。

ミートボール

ひき肉に、みじん切りにしたタマネギとときたまご、牛乳にひたしたパン粉をまぜ、小さく丸めてフライパンで焼いてから、ブイヨンとケチャップで煮こむ。市販のものを使用してもよい。

たまご焼き

たまごをといてうすく焼き、はじからクルクルと巻いていく。のりを巻きこんだり（→p7の写真）、きざんだ野菜を入れたりしてもいい。つくり方は右参照。

たまご焼きをじょうずにつくろう！

たまご焼きはお弁当の定番おかず。じょうずにつくれるといいですね。
味つけは家庭によってちがうので、おうちの人に聞いてみましょう。

1 ボウルにたまごを割りいれ、からざ（白いひも状のもの）を取りのぞいてから、切るようにまぜる。だし、しお、さとう、しょうゆなどで味をつけ、たまご液をつくる。
2 たまご焼き器をよく熱し、油をひいてなじませてから、1の3分の1量を流しいれる。
3 半熟になったら、手早く巻いていく。
4 油をふくませたクッキングペーパーでたまご焼き器をふき、たまごを向こう側へよせる。
5 1ののこり半分くらいを流しいれる。たまごを少しもちあげて、その下にもたまご液を流す。

6 3とおなじように巻いていく。おなじようにのこりのたまご液も焼く。

中身はアスパラガス、きのこなどでもOKだよ。

野菜のぶた肉巻き

しおゆで＊したインゲンとニンジンをうす切りのぶた肉で巻き、フライパンで焼く。焼いてから食べやすい大きさに切る。

＊ふっとうした湯にしおをひとつまみ入れ、材料をゆでること。

ウィンナー

切りこみを入れてから焼くと、皮がさけにくい。かざり切り（→野菜の巻）するとかわいらしくなる。

魚肉ソーセージ、カニ風味かまぼこなど、加熱しなくていいおかずや、種なしブドウ、イチゴ、サクランボなどの果物も食べやすいよ！

外で食べる「ピクニック弁当」のコツ

「ピクニック弁当」をつくるときのポイントは、食べやすいおかずにするほかにもいろいろありますよ。

調理やもりつけのポイント

● **一口大に**
おかずは一口大に。大きすぎると口に入れづらく、小さすぎると口に運びづらい。

● **ピックにさす**
ピックをもっていくのもいいが、あらかじめおかずにピックをさしておくと食べやすい。

● **1人分ずつカップに**
おかずを1人分ずつカップに入れておくと、カップごと取りだして食べられる。

● **おかずは人数分**
おかずは「4人分ならたまご焼きは4つ」というように、全員が食べられる数を用意する。

● **ごはんはおにぎりに**
主食はおにぎりやサンドイッチなど、手でもって食べられる形がいい。

もちもののポイント

● **おしぼり**
遠足など、食べる前に手をあらえない場合は、おしぼりが便利。ぬらしてしぼった小さめのタオルをビニール袋などに入れてもっていく。容器入りのおしぼりも売られている。

● **取り皿、紙コップ、フォークやスプーン**
ピクニックや運動会など、お弁当を大人数で分けて食べるときは、取り皿などの食器をもっていく。紙製のものはつかいすて、プラスチック製のものは何度もつかえる。

肉じゃがカレー風味弁当

ジャガイモほくほく

いつもの肉じゃがを、カレー風味でちょっぴりスパイシーに。
野菜もお肉も食べられるおかずだよ。

肉じゃがカレー風味のつくり方

材料（2人分）

牛こま切れ肉	100g
ジャガイモ	100g
ニンジン	80g
タマネギ	100g
きぬさや	4枚
サラダ油	小さじ1/2
★さとう	大さじ1
★酒	大さじ2
★白だし*	350mL
カレー粉	ひとつまみ
しょうゆ	大さじ1

＊市販の白だしを、指示どおりに水でうすめたもの。

乱切り
食材をまわしながらななめに切る。

1 ジャガイモ、ニンジンの皮をむき、一口大に乱切りにする。ジャガイモは水にさらしておく。

2 タマネギをくし形切り（→p21）に、牛こま切れ肉を食べやすい大きさに切る。

3 きぬさやのすじを取り、さっとしおゆで＊する。
＊ふっとうした湯にしおをひとつまみ入れ、材料をゆでること。

4 フライパンにサラダ油をひき、牛こま切れ肉をいためる。

5 牛こま切れ肉の色が変わったら、ジャガイモ、ニンジン、タマネギの順に加えて、さらにいためる。

6 全体に油がまわったら、★を加えて中火で煮こむ。アクが出てきたらおたまで取る。

7 ふっとうしたら、カレー粉、しょうゆを加えて、材料がやわらかくなるまで煮る。

8 ❸のきぬさやをそえて完成。

ブロッコリーやアスパラガスでもいいよ！

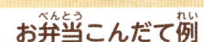
お弁当こんだて例
肉じゃがカレー風味
サフランライス*
ハムチーズ（→p14）
ニンジンはんぺん（→魚の巻）
フルーツジュレ（→野菜の巻）
*サフランというスパイスを入れてたきこんだごはん。

煮ものを煮くずれしにくくする方法

煮もののジャガイモなどは、煮くずれてとろけてしまうことがあります。煮くずれをしにくくする方法をしょうかいします。

◆ **なるべくかきまぜない**
かきまぜると、具材どうしがぶつかり、煮くずれの原因となる。全体が汁につかる大きさのなべをつかえば、たくさんかきまぜなくても、味がまんべんなくつく。最後に軽く返す程度でよい。

◆ **「面取り」をする**
具材を切ったあとに、角をうすくそぐことを「面取り」という。こうすることで、角から煮くずれることをふせぐことができる。

肉じゃがカレー風味弁当

かざり切りにちょうせん!

食材をさまざまな形に切ることを「かざり切り」といいます。おなじおかずでも、かざり切りをつかうと、見た目がぐっとはなやかになりますよ。

キュウリの風車

①キュウリに図のように切りこみを入れ、②中心から切りこみにむけてななめに切りとる。

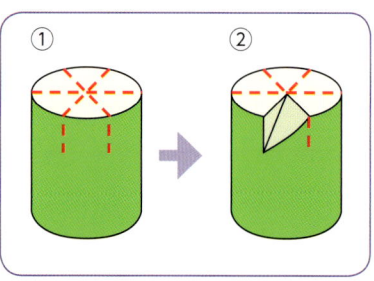

ニンジンの花

輪切りにしたニンジンを花形の型ぬきでぬく。①図のように切りこみを入れ、②花びらの中心から切りこみに向けてななめに切りとる。

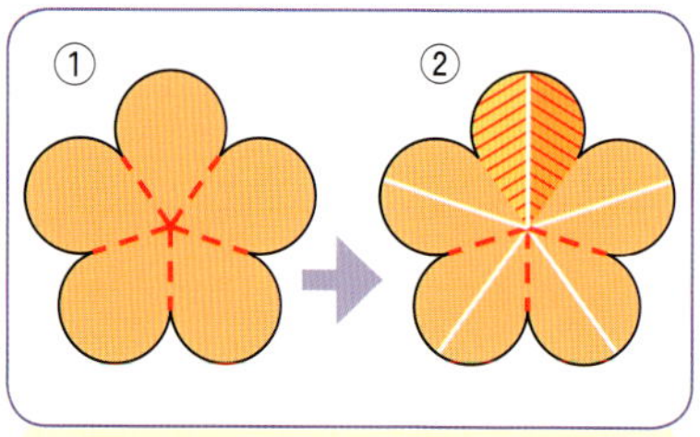

いろいろな形がある型ぬきはお弁当に大かつやく！スライスチーズやハムを型ぬきしてのせるだけでも、お弁当がはなやかになるよ。

ミニトマト王子

①下のようにミニトマトを切り、②ポテトサラダを丸めてのせ、へたをかぶせる。③仕上げに黒ごまなどで目をつける。

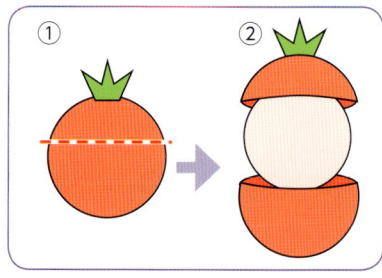

かまぼこかたつむり

①かまぼこの色のついた部分をはがすように切りこみを入れ、②内側に巻く。③白い部分の先のほうを切りとり、揚げたパスタをさして目にする。

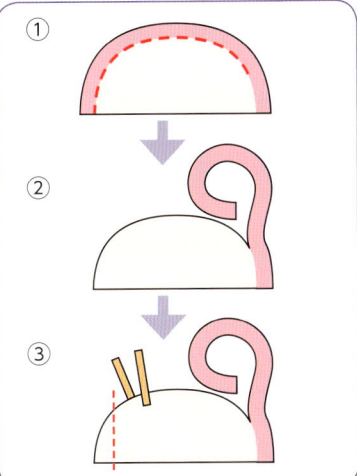

和の心をあらわすかざり切り

もともとかざり切りは、料理に季節感を出したり、お祝いの意味をあらわしたりするのにつかわれてきました。お弁当でも、春は花、梅雨の季節はかたつむりなど、季節にあわせて、かざり切りの種類をかえてみると、季節感あふれる和食弁当になりますよ。

お弁当をいたませない工夫
（調理するとき編）

せっかくのお弁当も、いたんでしまっては台なしです。お弁当がいたまないように、調理するときに気をつけるポイントをしょうかいします。

「いたむ」って？

そもそも、食べものが「いたむ」というのは、食べものについた菌が繁殖して、食べものがくさってしまうこと。とくにお弁当は、つくってから食べるまでに時間があくので、そのあいだにお弁当がいたんでしまわないように工夫をする必要がある。

●あまり手でさわらない

きれいにあらった手にも、雑菌がついている。お弁当に入れるものは手でべたべたさわらず、なるべくはしなどをつかって調理する。

●よく加熱する

食べものは生だといたみやすい。お弁当のおかずはしっかり加熱し、火を通す。とくに肉、魚、たまごは注意。また、水分はいたむ原因になるので、煮ものなどはなるべく煮つめて水分をとばす。

●加熱するものは、小さめに切る

小さめに切ることで、食材のなかまで火が通りやすくなる。また、お弁当箱にも入れやすい。

●味つけはこいめで

さとうやしおは、食材の水分を外に出していたみにくくする効果があるので、お弁当のおかずの味つけは、少しこいめにするといい。

●いたみにくくする食材をつかう

うめぼしや酢などの酸（すっぱさ）には、いたむ原因となる菌の繁殖をおさえる効果がある。カレー粉にふくまれるターメリックや、シソの葉なども、食材をくさりにくくするはたらきをもつ。

肉じゃがカレー風味弁当

お肉だいすき！ 牛カルビいため弁当

ちょっとごうかな牛カルビ*いためを、ボリュームたっぷりに。
オイスターソースの味つけで、ごはんがすすむね。

*牛のろっ骨のまわりについている肉。

タレの味をすわせながら火を通すことで肉のうまみがますよ。肉がツヤツヤになったら、おいしくできた証拠だ！

お弁当こんだて例

- 牛カルビいため
- 十六穀米
- ニンジンはんぺん（→魚の巻）
- ミニトマト

栄養ワンポイント 十六穀米は、食物せんいが多く、栄養素のバランスもすぐれています。

牛カルビいためのつくり方

材料（2人分）

- 牛カルビ……………100g
- タマネギ……………1/2個
- えだ豆………10つぶくらい
- きぬさや……………4枚
- ★オイスターソース…小さじ2
- ★みりん……………小さじ2
- ★しょうゆ…………小さじ1
- ★おろしにんにく…小さじ1/4
- サラダ油……………小さじ2

1 タマネギはくし形切りにする。牛カルビは一口大に切る。

2 えだ豆ときぬさやをしおゆで＊する。
＊ ふっとうした湯にしおをひとつまみ入れ、材料をゆでること。

3 ボウルに牛カルビと★を入れ、手でもみこんで下味をつける。

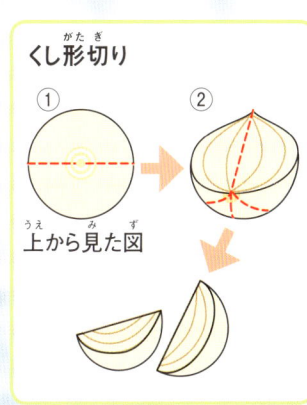
くし形切り
上から見た図

4 フライパンにサラダ油をひき、3とタマネギを中火でいためる＊。
＊ 3のタレはのこしておく。

5 牛カルビの色がかわったら、3でのこったタレを入れ、煮つめながら火を通す。

6 2のえだ豆ときぬさやをのせて完成。

グリーンピースやパプリカをのせてもきれいだね！トッピングを自分で考えてみよう。

これでいろどり名人！ 赤いおかず

p20のお弁当に入れたミニトマトのように、赤色のおかずは、お弁当のいろどりにかかせません。
ミニトマト以外にも、赤いものがいろいろありますよ。

赤くない食材でも、ケチャップ味にすると、赤みがついて、いろどりになるよ。

ゆでエビ
からをむいたエビを水あらいしてゆでる。ゆですぎるとかたくなるので注意。

カニ風味かまぼこ
原料は魚のすり身。おなじく魚のすり身でできたかまぼこにも、ピンク色のものがある（→p18）。

パプリカソテー
フライパンに油をひき、切ったパプリカを軽くいためてしおをふる。黄色やオレンジ色のパプリカもある。

しおザケ
サケは身のピンク色がきれい。つくり方は「魚のお弁当」の巻参照。

ニンジングラッセ
ニンジンをやわらかくゆで、さとう、バターを入れて、煮つめる。

イチゴ
イチゴ、サクランボなど、赤い果物をいろどりにつかうこともできる。

和食の「五色」を知ろう！
和食には、「五色」という考え方があります。これは、青（緑）・赤・白・黒（紫）・黄の五色の食材を組みあわせることで、料理をおいしそうに見せることができるというものです。また、「五色」をバランスよく食事に取りいれると、栄養素のバランスがととのい、健康を保てるとも考えられてきました。

テーマ別にもりつけ方をかえてみよう！

おなじおかずでも、お弁当箱やもりつけ方をかえるだけで、雰囲気がガラッとかわりますよ。ここでは、牛カルビいためをつかってちょうせん！

たっぷり食べたい ボリューム弁当

お弁当箱全体にごはんをしきつめ、お肉をたっぷりのせた牛カルビ丼。野菜のおかずや果物を別の容器に入れてもっていくと、栄養素のバランスがととのう。

かわいらしい子ども弁当

かざり切りの野菜やピックをつかって、かわいいお弁当に。おかずカップの色もテーマにあわせてピンクに。

上品な高級弁当！

いくつものおかずを少しずつもりつけると、大人っぽくて上品なお弁当に見える。ボリュームたっぷりの牛カルビいためも、サラダ菜など緑の野菜の上にのせると上品。

「幕の内弁当」って、どんなお弁当？

たわら形のごはんに、数種類のおかずを組みあわせたお弁当を「幕の内弁当」といいます。江戸時代に、しばいの「幕の内」（休けい時間のこと。幕間ともいう）に食べられたのがはじまりといわれています。左上のお弁当は、十六穀米と白米をたわら形にしています。幕の内弁当といえますね。

牛カルビいため弁当

とりの照り焼き弁当

タレがポイント

みんなだいすきな照り焼きは、意外とかんたん。
あまみのあるしょうゆダレがおいしい！

栄養ワンポイント　のりやひじきなどの黒いおかずは、お弁当の見た目をひきしめる効果があります。ホウレンソウのごまあ

お弁当こんだて例

- とりの照り焼き
- しらすと高菜のまぜごはんおにぎり
- のり入りたまご焼き（→野菜の巻）
- 煮豆（→野菜の巻）
- ひじきの五目煮
- キャベツと油揚げのいためもの
- カニ風味かまぼこ（→p22）
- しば漬け（→野菜の巻）

とりの照り焼きのつくり方

材料（2人分）

とりもも肉……1枚	インゲン……2本
★しょうゆ……50mL	サラダ油…小さじ1/2
★みりん……50mL	しお……ひとつまみ
★さとう……20g	こしょう……ひとふり

1 とりもも肉にしお、こしょうをふる。

2 ★をあわせてよくまぜる。

> みりんには、料理に「照り」を出す効果がある。照りがあると、料理がおいしそうに見えるんだ。

3 インゲンをしおゆで＊する。
＊ふっとうした湯にしおをひとつまみ入れ、材料をゆでること。

4 なべにサラダ油をひき、❶を皮が下になるようにして入れ、ふたをして中火で焼く。

5 皮がこんがり焼けたら、❷を入れる。なべを回すようにしてタレをからめながら、4〜5分さらに焼く。

> 皮をキツネ色になるまでしっかり焼くと、照りが出やすいよ！

6 肉にだいたい火が通ったら、肉をひっくりかえして、タレが煮つまるまで焼く。

7 食べやすい大きさに切り、❸のインゲンをのせて完成。

えを足すと、さらに栄養素のバランスがよくなりますよ。

白いごはんにあう とんてき弁当

とんてきはぶたロース肉を焼いて味つけしたシンプルなおかず。
にんにくとこしょうの香りが、食欲をそそるね。

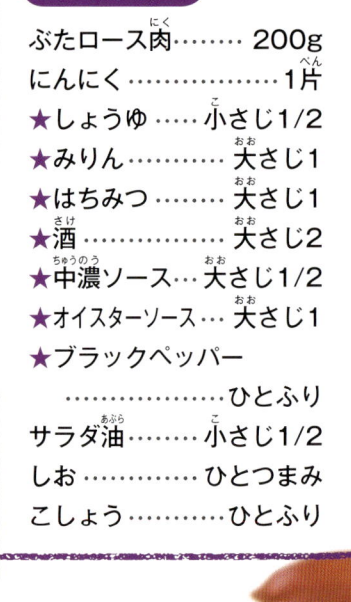

とんてきのつくり方

材料（2人分）

ぶたロース肉	200g
にんにく	1片
★しょうゆ	小さじ1/2
★みりん	大さじ1
★はちみつ	大さじ1
★酒	大さじ2
★中濃ソース	大さじ1/2
★オイスターソース	大さじ1
★ブラックペッパー	ひとふり
サラダ油	小さじ1/2
しお	ひとつまみ
こしょう	ひとふり

お弁当こんだて例

- とんてき
- 白いごはん
- ミニトマト王子（→p18）
- カニウィンナー（→野菜の巻）
- ニンジンとカボチャのグラッセ
- ブロッコリー
- インゲンのツナあえ
- キャベツのゆかりあえ（→魚の巻）
- キャンディチーズ

1 にんにくを木べらでつぶす。

2 ★の調味料をあわせる。

3 ぶたロース肉はすじに包丁で切れ目を入れておき、しお、こしょうをふる。

「すじ」は右のように切ろう。すじを切っておくと、肉がそりかえったりせず、きれいに焼けるよ。

4 フライパンにサラダ油をひき、にんにくを軽くいためて香りを出す。

5 3を入れて強火で焼く。焼き目がついたらうらがえし、もう片面にも焼き色をつける。

6 2を少しずつ入れて、煮つめながら火を通し、照りが出るように焼く。

タレを肉にかけながら焼くと、味がしっかりつくよ。

とんてき弁当

お弁当もの知りコラム

海外にもお弁当があるの？

「はじめに」に、お弁当は日本独特の文化だと書きました。でも、海外にお弁当がないわけではありません。ほかの国の例を見てみましょう。

日本以外の国にもお弁当の文化がありますが、日本のように、いろいろなおかずをいろどりよくつめるということは、あまりないようです。また、お弁当をもっていく習慣がない国も多くあります。この背景には、あたたかいものを食べることをたいせつにする文化があったり、あつい気候でお弁当がくさりやすかったりなど、さまざまな理由があります。

日本とおなじで、学校ではお弁当ではなく給食という国も多いです。しかし、アフリカや東南アジアなどのなかの、まずしい家庭が多い地域では、子どもたちが家の手伝いをする必要があるからといった理由で、授業が午前中に終わり、お弁当も給食もない、ということもあります。

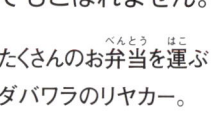

インド

インド西部の大都市ムンバイでは、おもに大人のあいだで、手づくりのお弁当を食べる文化があります。まちで働く人は、自家製のお弁当を「ダバワラ」というお弁当専門の配達業者にあずけ、昼に職場に届けてもらいます。インドのお弁当箱は、きちんと密閉できるようになっていて、カレーを入れてもこぼれません。

たくさんのお弁当を運ぶダバワラのリヤカー。

韓国

韓国語（ハングル）でお弁当は「トシラク」といいます。子どもたちがお弁当をもっていくのは、遠足のときなど。日本とおなじく、家庭でお弁当をつくることが多いようです。韓国では、みんなでおなじものを食べることをたいせつにする文化があり、おたがいにおかずを交換しあうことがよくあるといいます。

このトシラクは、コチュジャン（韓国風のからみそ）をのせて、ふたをしめ、よくふってからまぜて食べる（写真は日本の韓国料理店で売られているもの）。

まちなかでは、人びとが寄りあつまって、届いたお弁当を食べる風景が見られる。

アメリカ

アメリカでは、食堂（カフェテリア）がある学校が多いですが、お弁当をもっていく学校もあります。しかし、お弁当の中身は、日本とちがい、ピーナッツバターとジャムをはさんだサンドイッチ（PB＆Jとよばれる）と果物など、かんたんなものがほとんどです。生のままの野菜やポテトチップスなどのおかしがお弁当、ということもめずらしくありません。

学校でお弁当を食べる子どもたち。

フランスでは日本の「BENTO」が流行

近年、フランスの首都パリでは、日本風のお弁当を売る店がいくつもでき、日本の「BENTO」がブームになっています。見た目の美しさと、野菜中心のヘルシーさが人気をよんでいるようです。買ったお弁当を店内で食べることも多いといいます。ただ、家庭でお弁当をつくる習慣はあまりなく、つくるとしても、アメリカとおなじで、かんたんなものがほとんどです。

パリにある、日本人シェフがつくるBENTOを売る店「BENTO＆GO!」。

お料理基礎知識 よくつかう調理道具

包丁・まな板
まな板は、野菜用と肉・魚用に、表とうらをつかいわけるとよい。

計量カップ・計量スプーン
調味料などをはかるときにつかう。計量カップはめもりを真横から見てはかる。計量スプーンはふちとおなじ高さまで入れて1杯分（すりきり）。大さじ1が15mL。小さじ1が5mL。

※1cc＝1mL。

ボウル・ざる
ボウルは、あえたり、まぜたり、水につけておいたりするときにつかう。ざるは、水気を切ったり、冷ましたりするときにつかう。

フライパン
おもに焼く、いためるときにつかう。

なべ
おもに、ゆでる、煮るときにつかう。少量をつくるときは片手なべが便利。揚げものには専用のなべをつかうとよい。

ピーラー
野菜の皮むきにつかう。

菜ばし
長めのはし。まぜる、いためる、揚げる、もりつけるときなどにつかう。

フライがえし
ハンバーグなどをうらがえすときにつかう。

木べら
いためものや煮ものをまぜるのにつかう。お弁当用に少量をつくるときは、スプーンも便利。

おたま
もりつけたり汁をすくったりするときにつかう。お弁当には、汁気を切るために、あなのあいた「あなじゃくし」をつかうこともある。

お弁当づくりに活やく

ラップ
密閉するためにつかう。ごはんやおかずをお弁当用に小分けにして冷凍しておくときにも便利。

タッパー
つくりおきのものをつめておく保存容器としてよくつかわれる。味のこい煮ものなど、日もちするものをつくりおきし、中身が見える透明のタッパーに入れておくとつかいやすい。

さくいん

あ
油の温度 ……………… 9、12
アメリカ ………………… 29
イチゴ ………………… 8、15、22
インゲン ……………… 15、25
インド ……………………… 28
ウィンナー ……… 8、9、13、15
ウィンナー入りミンチカツ… 8、9
うずらのたまご ………………… 6
えだ豆 ……………………… 21
エビ ………………………… 7、22
お弁当箱 …… 6、7、19、23、28

か
かざり切り
　……… 7、15、18、19、23
型ぬき ……………… 11、18
カップ ………… 6、11、15、23
カニ風味かまぼこ …15、22、25
かまぼこ ……………… 19、22
かまぼこかたつむり …… 13、19
韓国 ……………………… 28
きざみネギ ………………… 6
きぬさや ……………… 16、21
きのこソース ……………… 5、6
きのこハンバーグ …… 4、5、7
キャンディチーズ …… 14、26
牛カルビ …………………… 21
牛カルビいため …… 20、21、23
牛こま切れ肉 ……………… 16
牛肉とひよこ豆のドライカレー … 10
牛ひき肉 ………………… 5、10
キュウリ ……………… 14、18
キュウリの風車 ………… 4、18
くし形切り ……………… 16、21
ケチャップソース ………… 6

さ
五色 ……………………… 22
ごま ……………… 6、10、18
サケ ……………………… 10、22
サケフレーク ……………… 8、10
しおザケ ………………… 22
しおゆで …… 15、16、21、25
シメジ ……………………… 5
ジャガイモ ……… 10、16、17
しょうゆソース ……………… 6
食物せんい ………………… 20
しらす ………………… 8、10
すじ ………………………… 27
スライスチーズ …… 6、11、18

た
たまご（ときたまご）
　…… 5、9、10、12、14、19
たまご焼き …………… 7、14、15
タマネギ …… 5、9、14、16、21
たんぱく質 ………………… 7
ちくわ ……………………… 14
ちくわキュウリ …………… 14
中華風ソース ……………… 6
調味料入れ ……………… 6、11
とり肉のかわり揚げ …… 12、13
とりの照り焼き …… 24、25
とりもも肉 ……………… 12、25
とんてき ……………… 26、27

な
肉じゃがカレー風味 …… 16、17
煮くずれ ………………… 17
肉そぼろ ………………… 10
ニンジン …… 15、16、18、22
ニンジングラッセ ………… 22

ニ
ニンジンの花 ……………… 18
にんにく（おろしにんにく）
　……………… 12、21、26
のり …… 7、10、11、14、24
のりパンチ ………………… 11

は
パプリカ ……………… 21、22
パプリカソテー ……… 13、22
ハム ……………… 11、14、18
ハムチーズ …………… 14、17
バラン …………………… 11
春巻きの皮 ……………… 12
ハンバーグ ……… 4、5、6、7
ピック …… 7、11、14、15、23
ひよこ豆 ………………… 10
ぶたひき肉 ………………… 5、9
ぶたロース肉 …………… 26
フランス ………………… 29
ふりかけ ………………… 10

ま
幕の内弁当 ……………… 23
マッシュルーム …………… 5
ミートボール …………… 14
ミニトマト … 4、13、18、20、22
ミニトマト王子 ………… 18、26
目玉焼き ………………… 6
面取り …………………… 17

や
野菜のぶた肉巻き ………… 15
ゆでエビ ………………… 22

ら
乱切り …………………… 16
緑黄色野菜 ………………… 7

31

■ **監修／服部栄養料理研究会**
服部流家元・学校法人服部学園常任理事の服部津貴子氏が会長をつとめる、栄養と料理の研究会。料理クラブ「HATTORI キュイジーヌクラブ ルナラパン」の運営や、食育の普及活動などをおこなっている。監修に「食育基本シリーズ」全5巻（フレーベル館）など。服部津貴子氏の著書としては、『Q&A 季節の食育』（岩崎書店）、『だれにもわかる食育のテーマ50』（学事出版）など多数。

■ **料理指導／杉浦仁志（すぎうら・ひとし）**
1976年、大阪生まれ。料理人の父のもとで料理を始め、数々のレストランで修業を積んだのち、2009年に渡米。アメリカ・ロサンゼルスのレストラン「PATINA」で感性と技術を磨く。2013年、パティナグループの海外初出店となる「PATINASTELLA」（東京都渋谷区）のエグゼクティブシェフに就任。アメリカ・ニューヨークの国連日本政府代表部大使公邸で開催された和食のアピールイベントにシェフとして参加するなど、国際的に活躍している。

■ **企画・編集／こどもくらぶ（中嶋舞子、原田莉佳）**
「こどもくらぶ」は、あそび・教育・福祉分野で子どもに関する書籍を企画・編集しているエヌ・アンド・エス企画編集部の愛称。図書館用書籍として、毎年100タイトル以上を企画・編集している。主な作品に「なりたいな料理の名人」全10巻（岩崎書店）、『ポプラディア情報館 世界の料理』（ポプラ社）、「和食のすべてがわかる本」全4巻（ミネルヴァ書房）、「世界遺産になった食文化」全8巻（WAVE出版）など多数。

■ **装丁・デザイン**　長江知子　　■ **DTP制作**　（株）エヌ・アンド・エス企画

この本の情報は、2016年9月までに調べたものです。
今後変更になる可能性がありますので、ご了承ください。

■ **料理撮影**
黒部徹

■ **協力**
学校法人服部学園・服部栄養専門学校・服部栄養料理研究会

■ **服部学園・協力スタッフ**
一枚田清行、西澤辰男、森寛貴、木下雄介（以上調理技術部）、大野文彦（技術支援部）、稲毛順子（栄養指導研究室）

■ **お弁当箱協力**
株式会社たつみや
弁当箱専門店 Bento&co
サーモス株式会社

■ **写真提供**
日清オイリオグループ株式会社、サムギョプサル専門店テジ、BENTO&GO!（フランス・パリ）、© Arfabita、© Johnnydevil、© Monkeybusinessimages｜Dreamstime.com

---

つくってみよう！　和食弁当　WASHOKU BENTO　　肉のお弁当

初　版　第1刷　2016年11月19日

監　修　　服部栄養料理研究会
料理指導　杉浦仁志
編　　　　こどもくらぶ
発　行　　株式会社 六耀社
　　　　　〒136-0082　東京都江東区新木場2-2-1
　　　　　電話 03-5569-5491　FAX 03-5569-5824
発行人　　圖師尚幸
印刷所　　シナノ書籍印刷株式会社

©Kodomo kurabu, 2016　NDC596　266×215mm　32P　ISBN978-4-89737-862-6　Printed in Japan

落丁・乱丁本は、購入書店名を明記の上、小社営業部宛にお送りください。送料小社負担にて、お取り替えいたします。